In 1554.

NOTICE

HISTORIQUE ET BIOGRAPHIQUE

SUR M. D'ORNAY.

(Extrait du recueil de la Société libre d'Émulation de Rouen.)

NOTICE

HISTORIQUE ET BIOGRAPHIQUE

SUR

M. D'ORNAY,

MEMBRE DE LA SOCIÉTÉ LIBRE D'ÉMULATION DE ROUEN,

PAR M. TOUGARD,

AVOCAT,

Membre de la Société d'Horticulture de Paris.

ROUEN,

F. BAUDRY, IMPRIMEUR DU ROI,

RUE DES CARMES, N°. 20.

1835.

NOTICE

HISTORIQUE ET BIOGRAPHIQUE

SUR M. D'ORNAY.

Les hommes placés par Dieu sur la terre sont appelés à se distinguer les uns des autres, soit par leurs vertus, soit par quelques faits qui les font sortir de la classe ordinaire. Celui dont je vais avoir l'honneur de vous entretenir s'y fit remarquer non seulement par l'étendue de ses connaissances, les agrémens de son esprit, l'indépendance de son caractère, mais encore par la longue et étonnante carrière qu'il a parcourue : c'est vous avoir déjà désigné notre respectable confrère et doyen M. D'Ornay, le centenaire.

Daignez excuser, je vous prie, l'émotion que j'éprouve en parlant d'un ami que je chérissais beaucoup. Lorsque le cœur est attendri, ne doit-on pas faire grâce à l'esprit ?

Jean-François-Gabriel D'Ornay naquit à Rouen, le 23 août 1729, son père était procureur ; il le perdit fort jeune; il perfectionna lui-même ses étudés, et fut reçu licencié à Caen. Bientôt après il prêta le serment d'avocat au parlement.

Cette époque était celle de la régénération philosophique de la France. Le vieux FONTENELLE, dans ses *Dialogues des Morts*, donnait des leçons à son siècle; D'ALEMBERT, dans son *Discours préliminaire de l'Encyclopédie* et dans ses *Mélanges de littérature*, l'étonnait par la hardiesse de ses idées; DIDEROT lançait dans le monde sa *Lettre sur les aveugles, à l'usage de ceux qui voient,* qui lui valut quatre mois d'emprisonnement dans le donjon de Vincennes; *Grimm*, le spirituel, publiait sa *Correspondance;* le trop malheureux J.-B. ROUSSEAU, l'Horace français, charmait ses contemporains par la suave et délicieuse harmonie de ses vers; Jean-Jacques répandait un torrent d'idées neuves qui devaient parcourir le globe, et qui ne valurent à leur auteur que la proscription et le dégoût; BUFFON faisait entrevoir des vérités démontrées plus tard par Lacépède, Cuvier, Delalande et Arago; CRÉBILLON publiait ses dernières tragédies; FRÉDÉRIC, CATHERINE recevaient à leurs cours les philosophes et les poètes avec les mêmes honneurs et plus d'empressement qu'ils n'y accueillaient les princes et les rois; LE KAIN, ADRIENNE LE COUVREUR régnaient au théâtre, cette grande école de mœurs, ce miroir des passions; les salons de mesdames Geoffrin, de Launay, de Tencin, rassemblaient ce que pouvaient offrir d'illustre et la ville et la cour ; au milieu de ce brillant cortége apparaissait l'immortel auteur de la *Henriade*, de *Zaïre*, de *Brutus* le populaire, de *Mahomet* le fanatique ; VOLTAIRE, enfin, régnait au-dessus de toutes ces illustrations.

M. D'Ornay, jeune, ardent, passionné, avait lu les écrits de tous ces auteurs ; leurs vers, leurs pensées étaient gravés en traits de feu dans sa mémoire. Il était leur contemporain ; il les connaissait presque tous ; mais Voltaire était retiré à Ferney, où la publication de son poëme de *la Pucelle* l'avait conduit par suite des allusions sanglantes qui s'y rencontrent à l'égard de Louis XV et de madame De Pompadour, sa maîtresse. M. D'Ornay voulut contempler les traits du prince des poètes ; cette vue était un besoin, une nécessité qu'il devait satisfaire. Le voyage de Ferney était pour lui ce qu'est celui de la Mecque pour un vrai croyant. Il s'impose des privations ; il amasse les frais de son voyage ; son petit trésor est-il à peine suffisant, qu'il part pour la demeure du philosophe. Il y arrive inconnu ; il entre dans un appartement où étaient rassemblés plusieurs jeunes gens occupés à faire des extraits par l'ordre de Voltaire: Qui êtes-vous et que demandez-vous, lui dit-on? — Voyageur, Français et Normand, je n'ai d'autre désir que de voir le maître de ces lieux. Ce langage intéressa les secrétaires en faveur de l'étranger. Rien de plus facile, lui répondirent-ils ; restez ici, M. De Voltaire y va venir lui-même chercher les extraits

(8)

qu'il nous a demandés. M. D'Ornay s'assit à la table des travailleurs, et s'occupa lui-même à les seconder. Voltaire arriva peu après, et prit successivement les notes dont il avait besoin. Parvenu auprès de M. D'Ornay, il voit une figure inconnue. — Qui êtes-vous, jeune homme, et qui vous a placé là, lui dit-il? Le jeune voyageur répond de son mieux, en lui faisant connaître le motif de son voyage. Voltaire, quoique philosophe, était glorieux de sa renommée; il fut sensible à la réponse de ce secrétaire improvisé, examina son travail, le trouva bon, et le lui dit. Deux heures après M. D'Ornay reçut une lettre d'invitation à se présenter au château, et fut ensuite admis aux soirées de madame Denis, illustre compagne du génie de Ferney.

C'est M. D'Ornay lui-même qu'il fallait entendre raconter les détails de ce voyage; rappeler les conversations auxquelles il avait assisté; tracer les portraits des hommes qu'il avait rencontrés : dans sa bouche tous ces récits étaient palpitans d'intérêt, et malgré les cent années qui pesaient sur sa tête, il savait, par le charme de son élocution, si bien reproduire toutes ces choses, qu'il semblait les avoir sous les yeux.

Avoir connu Voltaire et ne pas avoir vu le grand Frédéric, eût été laisser son voyage imparfait ; aussi M. D'Ornay se dirigea-t-il vers la cour de Berlin, où il vit le roi de Prusse. C'était au moment où le philosophe de *Sans-Souci* venait de se brouiller avec celui de *Ferney*. Cette dispute de roi et de poète occupait le monde littéraire à cette époque.

La Hollande fut aussi un objet d'exploration pour M. D'Ornay. La patrie d'Erasme ne pouvait lui être indifférente.

L'esprit actif de mon respectable ami l'appelait à visiter un pays riche en chefs - d'œuvre de tous genres ; aussi se rendit-il en Angleterre , où il puisa des notions précieuses sur l'agriculture, le commerce et les arts.

M. D'Ornay connaissait toutes les illustrations contemporaines ; il avait été admis dans leur société ; mais sa mémoire était également ornée des beautés de Virgile , d'Horace, de Lucrèce , et de tant d'autres grands hommes de l'antiquité. Ne pas contempler leur berceau , ne pas voir ces immenses portiques qu'ils avaient élevés, laissait dans son ame un vide qu'il voulut remplir ; il résolut donc de visiter Rome. Il fait part de son projet à S. Em. le cardinal de La Rochefoucault , alors archevêque de Rouen , qui lui donna une lettre de recommandation pour le cardinal de Bernis , alors ambassadeur de la cour de France près le Saint-Siége.

L'aimable prélat accueillit M. D'Ornay avec beaucoup d'égards ; il le présenta au saint-père, qui donna l'ordre de lui ouvrir tous les monumens particuliers , et le fit admettre chez plusieurs grands personnages. Pie VI occupait alors la chaire de Saint-Pierre.

La célèbre *Corilla*, qui avait long-tems fait l'admiration de toute l'Italie par ses brillantes improvisations, avait quitté la scène du monde et ne s'occupait plus de poésie : c'était une merveille qu'il eût fallu voir, mais il était bien tard. Que fait le cardinal poète et ambassadeur ? Il organise une fête, y invite l'illustre improvisatrice ; elle se rend à cette invitation : on parle de poésie ; son éminence s'y connaissait, comme bien vous le savez ; Corilla redevient ce qu'elle était ; elle demande un sujet à traiter. M. D'Ornay lui donne pour thème *les plaisirs qu'on éprouve en voyage*. Jamais, m'a-t il dit, je n'avais éprouvé un ravissement semblable à celui que je ressentis en entendant les vers de cette nouvelle Corinne.

Après avoir séjourné plusieurs mois dans la patrie des Césars, M. D'Ornay visita Naples, Florence et les principales villes d'Italie, et comme il rapportait tout à un but d'utilité, il dressa pendant son voyage des tables météorologiques détaillées et comparées avec la température de France.

La Suisse, le Piémont, les provinces méridionales de la France furent également visités par M. D'Ornay.

Mais dans l'intervalle de ses divers voyages, il ne restait pas oisif : son imagination toujours active ne laissait échapper aucune occasion d'être utile à son pays, et de mettre à profit les remarques qu'il avait faites à l'étranger.

L'académie de Caen mit au concours cette question : « *Quelles distinctions peut-on accorder aux* » *laboureurs, tant propriétaires que fermiers, pour* » *multiplier les familles dans cet état utile et respec* » *table, sans en ôter la simplicité qui en est la base* » *essentielle ?* »

M. D'Ornay concourut. Son mémoire est rempli de vues grandes, sages, utiles ; de plus, il respire l'amour de la patrie, ce culte des grandes ames. Jugez-en par cette allocution adressée à la France :

« O toi, dont la prospérité fait l'objet de nos ar » dens désirs ; toi, qui es pour moi ce que Sparte, » Athènes et Rome étaient pour leurs zélés citoyens ! » O ! ma chère patrie, si les lois éternelles par » lesquelles tout se régit ne m'ont pas permis de » cimenter de mon sang ton bonheur et ta gloire, » permets que j'acquitte ma dette de citoyen, en te » consacrant ce faible tribut de mon amour. Le cœur » l'a dicté, ma main docile s'est prêtée à ses inspira » tions. »

L'indépendance des idées y est aussi remarquable que la vérité y est énergiquement exprimée.

Après avoir passé en revue la situation malheureuse des cultivateurs français, et avoir mis en regard celle des agriculteurs anglais, hollandais, suédois et suisses, « si l'on me demande, dit M. D'Ornay, » pourquoi dans ces divers pays les paysans sont » moins pauvres, moins grossiers, moins ignorans » que les nôtres, je répondrai : C'est parce que les

» lois les protègent ; parce que dans ces heureux
» pays les fortunes sont paisibles et assurées ; parce
» qu'il y est permis d'être riche ; c'est parce que
» l'infernal arbitraire ne les écrase pas et qu'ils
» paient seulement en proportion de leurs facultés ;
» c'est parce qu'un voisin avide ou jaloux ne peut
» exercer légalement contr'eux sa cupidité ni sa
» vengeance ; c'est parce qu'un collecteur forcément
» cruel ne peut augmenter le poids de leur dette ;
» c'est parce qu'un receveur avide, un seigneur
» orgueilleux, un privilégié plus impertinent en-
» core, un parvenu, le plus insolent de tous, ne
» peuvent porter atteinte à leur fortune, les humilier,
» les battre, les dépouiller ; c'est, en un mot, parce
» que, à l'abri des lois, ils jouissent des plus chers
» avantages de l'humanité, la propriété, la sûreté,
» la liberté. »

Ne reconnaît-on pas à ce style le visiteur de
Ferney.

Réfléchissons surtout que ce mémoire était publié
en 1765, sous l'empire arbitraire du pouvoir ab-
solu, qui souvent remerciait le donneur d'avis par
un ordre d'emprisonnement à la Bastille.

M. D'Ornay proposait de relever la condition des
laboureurs, en les faisant participer à l'administration
des communes. Ce mémoire remporta le prix.

Le même auteur fut également couronné, en 1776
et 1777, par la société d'agriculture de Lyon, pour
divers mémoires relatifs *à l'amélioration des routes.*

Des observations sur les abeilles , sur les vers-à-soie et sur plusieurs autres sujets agricoles, prouvent combien M. D'Ornay possédait la science agronomique.

Un *Essai sur la ville de Rouen et sur les travaux faits et à faire pour la plus grande utilité et le plus grand avantage de cette ville*, démontre que les prévisions de l'auteur étaient justes , puisque la plupart de ses idées ont été depuis adoptées.

Des *Observations sur la langue française* font voir combien M. D'Ornay désirait la préserver de l'envahissement du mauvais goût.

Dans son *Discours adressé aux élèves de l'École polytechnique*, il leur explique les devoirs qu'ils ont à remplir envers la patrie , et leur fait connaître l'utilité des sciences qui leur sont enseignées.

Mais ce qu'il préférait surtout, c'était de s'occuper de poésie. Retiré à Saint-Georges-l'Abbaye, c'est là, au milieu des champs et des fleurs , qu'il aimait à invoquer le dieu des vers, qui lui fut souvent favorable.

Je ne vous citerai, Messieurs, que quelques unes de ses poésies, quoiqu'il se rencontre des vers charmans dans *les Adieux d'un père à sa fille, le Juge-de-paix , le Songe , le Nouveau riche ,* et d'autres pièces écrites dans la vigueur de l'âge ; mais ce que je dois vous rappeler, ce sont ces écrits composés à une époque de la vie qui , pour la plupart des hommes, est pleine d'infirmités, de dégoût et d'ennui

pour eux et pour les autres, et qui, chez M. D'Ornay, était encore remplie de force, de grâce et
d'amabilité.

Laissons-le parler un instant :

> J'arrive à mes QUATRE-VINGTS ANS,
> Point trop fatigué du voyage.
> Puisqu'on ne peut fixer le tems,
> Semons au moins des fleurs sur son passage.
>
> . . . .
>
> On dit que le cœur n'a point d'âge ;
> On a raison. Malgré mes cheveux blancs,
> Les plus doux sentimens sont encor mon partage.
>
> . . . .
>
> Je suis toujours sensible aux doux accens
> De la touchante Polymnie,
> Et cède aux charmes ravissans
> De Melpomène et de Thalie.
>
> . . . .

Le poète octogénaire décrit les plaisirs dont il
jouit encore ; puis s'adressant à Bacchus : Viens,
lui dit-il,

> Puissant ami de la vieillesse,
> Grand consolateur des humains,
> Dont la liqueur enchanteresse
> Inspire en nos rians festins
> Le fin couplet, la brillante allégresse.
> Viens chasser loin de moi les soucis, les chagrins ;
> Mais amène avec toi, s'il se peut, la sagesse.
> Dieu séducteur, je t'aime et je te crains.

Sur l'emploi de la vie, le poète philosophe s'exprime ainsi :

> La vie est courte et sur trois points repose :
> Le passé, le présent, l'incertain avenir.
> Le passé n'est plus rien, l'avenir peu de chose,
> Le présent seul est tout, sachons en bien jouir.
>
> . . . .
>
> J'ignore si je dois encor
> Voyager long-tems dans ce monde ;
> Je me résigne sans effort,
> J'attends dans une paix profonde,
> Et n'appréhende point ce qu'on nomme la mort.
>
> Qu'ai-je à craindre de son approche ?
> J'ai fui le mal, j'ai fait le bien,
> De l'amitié j'ai serré le lien.
> Pour l'être pur et sans reproche
> La mort n'est plus qu'un paisible sommeil,
> Un doux repos qui n'a point de réveil.

A quatre-vingts ans écrire ainsi, n'est-ce pas un véritable phénomène !

Mais notre Anacréon moderne n'était pas au terme de sa carrière. Douze ans plus tard, il fit paraître le *Voyage de la vie*, pièce charmante où l'on trouve mille traits de gaîté et de philosophie.

Trois ans après, il publia *ses Adieux*; il avait quatre-vingt-quinze ans. Daignez écouter encore un peu, je vous prie, notre aimable vieillard :

> J'ai chanté mes quatre-vingts ans,
> J'étais jeune encor à cet âge !

J'avais encor des goûts, des désirs et des sens ;
Quelques fleurs se montraient encor sur mon passage ;
Je croyais au bonheur, c'était presqu'en jouir.
Ce beau rêve est passé pour ne plus revenir.
Quelques instans de plus et ma tâche est finie.....
Dieu ne nous donne point, il nous prête la vie,
Et quand il la réclame, il lui faut obéir.

Que ne puis-je vous citer ses vers inspirés par les sentimens les plus tendres. Je passe à ses *Adieux* :

Adieu, riant séjour de ma paisible enfance ;
Adieu, tems fortuné de joie et d'espérance ;
Adieu, jardins fleuris ; adieu, gazons charmans,
Bien plus charmans encor à l'âge de vingt ans ;
Adieu, doux entretiens, sage philosophie,
Qui, contre les chagrins, fléaux de notre vie,
Nous offrez constamment un obligeant appui
Et chassez loin de nous le redoutable ennui ;
Adieu, mes bons amis et mes bonnes amies,
Vous chez qui les vertus aux grâces sont unies ;
A la pure amitié bornant tous vos désirs,
Partagez mes douleurs et doublez mes plaisirs.

. . . .

Adieu, doux souvenirs ; adieu, tout ce que j'aime,
Il faut nous séparer : telle est la loi suprême.
Le moment du repos est enfin arrivé,
Vers de plus grands objets je me sens élevé.
De ses liens mortels, bientôt débarrassée,
Jusques à l'Éternel s'élance ma pensée !

Quelle délicieuse harmonie ! quelle force dans les idées d'un homme presque centenaire ! *Dieu m'a*

oublié sur la terre, et j'en profite, mon ami, me ré-
pétait-il souvent.—Mais qu'avez-vous donc fait pour
si bien vous porter, lui disait un jour un interlocu-
teur? — Comment, répondait-il? *J'ai usé de tout
et n'ai abusé de rien.*

Un siècle pesait sur sa tête, et il présidait encore
une de nos séances publiques. Son discours improvisé est remarquable par la clarté et l'élégance.

Apprenait-il que nous possédions dans nos murs
un homme de lettres distingué, vîte, il y accourait
pour le rencontrer. C'est ainsi qu'il assista aux
soirées littéraires de Charles Durand.

Le 25 août 1831, je lui présentai Eugène De
Pradel, l'improvisateur. M. D'Ornay récita des vers
français, latins, italiens, et chanta la chansonnette
au dessert. Pradel improvisa des couplets; mais notre
poète centenaire ne resta point en demeure, il com-
posa sur-le-champ la réponse que voici :

Avant-hier j'avais cent deux ans,

Aujourd'hui je n'en ai que trente;

De cette énigme embarrassante

Voici le mot et le vrai sens :

Un nouvel Amphion et ses enchantemens,

Ou, si vous l'aimez mieux, Pradel et ses talens,

Ont su me rajeunir.

Le charme va finir;

Mais mon ame enchantée,

En gardera long-tems la précieuse idée.

Plusieurs années s'écoulèrent encore sans que sa

santé fût sensiblement altérée. Peu à peu, cependant, la vue s'éteignit.

Huit jours avant sa mort, notre vieillard faisait sauter sur ses genoux sa quatrième génération. L'enfant prenait plaisir aux caresses de son trisaïeul, et promenait légérement ses petits doigts sur le front ridé du centenaire. *Voyez, mes amis,* fit-il observer à ceux qui l'entouraient, *les deux extrémités de la vie se touchent : un être qui entre dans le monde jouant avec un autre qui en sort.*

Mais, hélas! tout doit avoir un terme. M. D'Ornay avait plus de cent cinq ans, et quelques jours seulement le séparaient de l'instant fatal. Il récitait encore des vers ; mais ils étaient alors remplis de tristesse et de mélancolie ; il sentait sa fin approcher. *Je ne crains pas la mort,* disait-il, *mais j'appréhende le moment du passage d'un état à un autre.*

Quatre heures avant de mourir, il dicta à mademoiselle Louise D'Ornay, sa petite-fille, qu'il nommait son Antigone, une lettre pour un de ses amis.

Enfin, le 25 novembre 1834, vers onze heures du matin, il éprouve une chaleur intérieure ; il demande une boisson rafraîchissante ; on la prépare ; on la lui présente...., il n'était plus, sa belle ame était montée aux cieux, sa dernière et éternelle demeure.

Ainsi mourut M. D'Ornay, le Nestor de la littérature, poète distingué, philosophe aimable, excellent ami, tendre époux, bon père. Tel fut celui dont nous déplorons la perte. Il était le doyen de la Société libre d'Emulation de Rouen, de l'Académie de la même ville, de celle de Caen, de Lyon, des Arcades de Rome, et de beaucoup d'autres sociétés savantes. Il fut successivement avocat, procureur du roi près le Bureau des Finances, échevin de la ville de Rouen, dont il fit planter une partie des boulevards ; enfin, il a été vingt ans juge-de-paix du canton de Duclair.

Si du séjour des bienheureux il peut entendre la voix de l'amitié, que ses mânes daignent accepter ce bien faible tribut des tendres sentimens d'attache-ment que je lui portais.